Marie-France Muller

Le chlorure de magnésium

Un remède-miracle méconnu

jouvence
EDITIONS

Du même auteur... aux Éditions Jouvence

Le grand livre de la réflexologie faciale, 2004
Osez vous affirmer, 2003
Minéraux et oligo-éléments colloïdaux, 2002
Déverrouiller ses blocages, 2002
Le Dien' Cham', avec Nhuan le Quang, 2000
Le vinaigre santé, Coll. Pratiques, 1999
Remèdes maison, Coll. Pratiques, 1999
Bien dormir, enfin !, Coll. Pratiques, 1998
Médecines douces pour animaux, Coll. Pratiques, 1998
L'argile facile, Coll. Pratiques, 1998
L'enfant timide, Coll. Pratiques, 1997
Vivre au positif, Coll. Pratiques, 1997
Oser parler en public, Coll. Pratiques, 1997
Croire en soi, Coll. Pratiques, 1997
Cuisine végétarienne rapide, Coll. Pratiques, 1997

Chez d'autres éditeurs *(tous épuisés)*

Les réflexothérapies : comment masser les zones réflexes de votre corps, Éditions Retz, Paris, 1981
Le monde de l'ésotérisme et de la parapsychologie, (en collaboration), Le Livre de Paris, 1980
Vaincre la timidité, Éditions Press Sélect, Montréal, 1978
Des énergies pour demain, Éditions de l'Agora, Genève, 1978
Les plantes médicinales, Éditions de l'Agora, Genève, 1978

Catalogue gratuit sur simple demande

Éditions Jouvence
France : BP 90107 – 74161 Saint-Julien-en-Genevois Cedex
Suisse : Case postale 184 –1233 Genève/Bernex
Site internet : **www.editions-jouvence.com**
E-mail : info@editions-jouvence.com

Illustration de couverture : Jean-Claude Marol
Maquette & mise en pages : atelier weidmann

ISBN 2-88353-157-9
ISBN 978-2-88353-157-4

En hommage au Professeur Pierre Delbet,

au Docteur Neveu, à leurs disciples,

*ainsi qu'à tous les chercheurs connus
ou inconnus qui œuvrent pour le bien
de tous en dépit des obstacles…*

Qu'ils soient ici remerciés !

Sommaire

Une possible alternative aux antibiotiques…

Nos pays surmédicalisés connaissent actuellement les problèmes annoncés depuis des décennies par les praticiens de médecines alternatives, à savoir les dégâts consécutifs à l'usage abusif des antibiotiques.

Trop d'antibiotiques : bonjour les dégâts !

Pendant trop longtemps, on a pris la mauvaise habitude de considérer ces substances comme une panacée à prendre au moindre bobo, du simple rhume (contre lequel cette médication est complètement inefficace) au plus léger mal de gorge, en passant par toute forme de blessure bénigne (« on ne sait jamais comment ça peut évoluer… »). Ce sont d'ailleurs bien souvent les patients qui exigent de leur médecin leurs chères pilules si sécurisantes ! Et n'oublions pas l'apport constitué par l'ajout souvent important de ces substances à l'alimentation et au traitement du bétail : on en ingère ainsi des quantités non négligeables et cumulatives par l'intermédiaire de la viande et de ses dérivés, ainsi que des produits laitiers (lait, fromage, etc.).

Notre immunité naturelle en danger !

De cet abus, nous commençons de payer le prix, très élevé, en termes d'effondrement des défenses naturelles de l'organisme, d'intoxication médicamenteuse, de renforcement du caractère pathogène des germes devenus résistants (en fait, ils ont appris à survivre aux antibiotiques et savent à présent fort bien s'en défendre). Nos sociétés se trouvent donc confrontées à un problème médical de taille et l'on en vient de plus en plus à en déconseiller la prise, tant que cela n'est pas indispensable.

C'est là qu'interviennent d'autres méthodes, tout aussi efficaces, ne présentant pas de nocivité et constituant une alternative souvent précieuse lorsque les antibiotiques n'agissent plus. Ce sont aussi des techniques permettant d'en limiter l'utilisation au strict nécessaire, ce qui ne peut que représenter un bien pour la société toute entière. Parmi celles-ci, le chlorure de magnésium tient une place privilégiée.

Un remède simple et peu coûteux

Connaissez-vous beaucoup de remèdes vous permettant de soigner rapidement (c'est-à-dire en quelques heures, la plupart du temps) un début de grippe (la vraie, pas une simple rhino-pharyngite), une angine, une otite, de même que tous ces innombrables petits ou grands maux de nature infectieuse qui savent si bien vous empoisonner l'existence – et ceci, pour **moins d'un franc par jour** ? Reconnaissez qu'il en est peu !

Il s'agit en outre d'un remède qu'il vous sera très facile de vous procurer : adressez-vous à n'importe quelle pharmacie qui vous le délivrera sans ordonnance ! Il vous en coûtera en moyenne deux francs cinquante à trois francs français pour un traitement de trois à quinze jours, selon les cas. Il semble difficile de faire mieux.

Des résultats rapides

Peu ou mal connu (je dirais même *méconnu*), le chlorure de magnésium permet cependant bien souvent d'obtenir des résultats rapides et spectaculaires, y compris dans certains cas de pathologies graves ou aiguës telles que la poliomyélite, le tétanos et nombre de maladies infectieuses. Le Professeur Delbet le considérait même comme l'un des meilleurs agents prophylactiques du cancer ! C'est dire son immense intérêt. Mais sans aller jusque-là, il peut rendre d'immenses services dans des cas aussi courants qu'un début de grippe, une fatigue chronique, une baisse générale de tonus (y compris sexuel) et nombre de petits maux.

Pour étonnant que cela puisse paraître à qui ne l'a pas essayé, rien de ceci n'est avancé de manière hasardeuse : la preuve en a été maintes fois donnée et les travaux publiés depuis des décennies. Alors, penserez-vous certainement, pourquoi n'en parle-t-on pas ? Pourquoi n'est-ce pas mieux connu ? Je vous répondrai seulement : bonne question ! Disons que, pour la grande majorité, les médecins n'en sont jamais informés et ne s'intéressent guère aux travaux concernant les médecines faussement dites « douces » (elles sont en fait actives, rapides… et pas toujours si douces, en dépit de leur bonne tolérance). Ajoutons que les laboratoires ne voient pas d'un bon œil ce genre de remèdes efficaces et bon marché : on peut les comprendre ! Que deviendraient-ils si tout le monde apprenait à se soigner de cette manière, avec des remèdes naturels, des plantes, des compléments alimentaires, des massages-réflexes… et du chlorure de magnésium ? Ce serait la ruine de beaucoup !

Ce petit guide a pour but de vous introduire à l'utilisation efficace et à bon escient de ce simple remède que, probablement, vous garderez toujours à portée de main après avoir refermé ce livre. Quelques sachets d'avance ne prennent guère de place et vous éviteront bien des journées gâchées inutilement, ainsi que de vains soucis, car ce traitement peut aussi s'utiliser préventivement.

Pour moi, je considère ce produit comme la base même de ma pharmacie familiale, je le conseille depuis plus de trente ans et ne saurais que vous inciter à en faire autant.

□

Pierre Delbet : une découverte audacieuse

C'est au Professeur Pierre Delbet que nous devons la découverte des extraordinaires vertus curatives et préventives du chlorure de magnésium. Il faut bien souligner qu'il ne s'agit point là de simples hypothèses de travail, pas plus que de cogitations fumeuses sans autre fondement que tenter de faire sensation : certes non ! Les résultats obtenus par la thérapie magnésienne du Professeur Delbet s'appuient sur des faits scientifiques reposant sur l'observation minutieuse. L'histoire même de ces recherches le démontre abondamment.

Né en 1861, le Professeur Pierre Delbet fut, pendant plus de trente ans de carrière, ce qu'on appelle un « grand patron ». Sa carrière médicale fut exemplaire : interne des hôpitaux, chef de clinique, agrégé de la Faculté, puis chirurgien des hôpitaux, lauréat à plusieurs reprises de la Faculté de Médecine et de l'Académie de

Médecine dont il devint membre, ainsi qu'auteur d'importants ouvrages qui firent autorité. Il quitta ce monde en 1957 à plus de quatre-vingt-seize ans. C'est dire que cet illustre médecin n'avait rien d'un charlatan ! Mais les idées neuves ne sont que rarement accueillies comme elles le méritent, surtout en médecine…

Les antiseptiques en question

Comme il l'exprime lui-même, dès son internat, il s'était trouvé hanté par « l'idée de la nocivité des antiseptiques » auxquels on demandait de tuer les microbes dans les tissus eux-mêmes. Autrement dit, il se demandait si le fait de laver les plaies avec des solutions antiseptiques ne présentait pas plus d'inconvénients que d'avantages. « Les microbes étant plus résistants que les cellules des êtres plus évolués », il lui semblait impossible de les détruire sans détruire les cellules par la même occasion. En fait, les antiseptiques – qui sont des poisons pour les microbes – le sont donc obligatoirement aussi pour les cellules qu'ils altèrent et détruisent en grand nombre, ce qui diminue la résistance des tissus et favorise en second temps l'infection : l'opposé du but recherché !

Tout est parti de cette idée, fort audacieuse pour l'époque (nous étions en 1889). Au lieu de les affaiblir, ne vaudrait-il pas mieux soutenir l'effort de ces cellules, héréditairement adaptées à la lutte contre les agents de l'infection ?

C'est ainsi que la protection des cellules (cytophylaxie) est devenue l'un des principes fondamentaux de sa technique chirurgicale, ce qui ne résolvait cependant pas le problème des lésions infectées.

Augmenter la résistance à l'infection

C'est alors que survient la guerre de 1914-1918. Il est mobilisé comme chirurgien et envoyé en mission dans l'ouest. Il a l'occasion d'y inspecter un grand nombre d'hôpitaux, ainsi que des postes avancés, à Jonchery, puis à Châlons. Il revient de ces missions avec deux certitudes : il fallait à tout prix réorganiser le service de santé et, surtout, modifier le traitement des plaies. Comme il l'écrivit lui-même par la suite : « Partout, les antiseptiques ruisselaient et les résultats étaient déplorables ! »

Son opinion sur les dangers de l'asepsie en sont encore renforcés. Il entreprend alors une série de recherches ayant pour but de mesurer l'action des principaux antiseptiques. Résultats déplorables ! Il en vient à cette étonnante constatation : les antiseptiques, en détruisant les globules blancs encore vivants et actifs et en apportant des modifications chimiques aux albumines contenues dans le pus prélevé sur une plaie infectée, en font un excellent milieu de culture pour les microbes !

Son idée-maîtresse devient alors : « Augmenter la résistance des cellules pour qu'elles puissent triompher des microbes », puisqu'il semble bien que cette lutte fasse partie de leurs compétences. La seule médication efficace consisterait donc à soutenir cet effort, surtout pas à l'annuler comme c'est trop souvent le cas. De ce jour, il soutient qu'on ne trouvera jamais un antiseptique capable de stériliser une plaie – donc de tuer tous les microbes qui l'infectent – sans tuer en même temps un nombre important de cellules, altérant ainsi les moyens naturels de défense de l'organisme.

« Des résultats extraordinaires » !

Il se tourne alors vers l'étude de la phagocytose et constate que cette faculté qu'ont les globules blancs d'englober et de digérer les particules organiques ou inorganiques nuisibles à l'organisme (telles que les microbes ou les globules rouges usés) varie dans d'énormes proportions, et cela en fonction de légères différences chimiques.

Ceci l'amène à rechercher s'il n'existerait pas une substance présente en quantité insignifiante dans nos tissus et capable de renforcer l'action des globules blancs. Il expérimente donc diverses substances, cherchant laquelle serait susceptible de présenter une action cytophylactique intéressante. Selon l'expression de Delbet lui-même, «la solution de chlorure de magnésium à 12,1 ‰ a donné des résultats extraordinaires... La solution de chlorure de magnésium pur et desséché à 12,1 ‰ conserve son action cytophylactique lorsqu'elle est injectée dans le système circulatoire. Elle peut être utilisée soit en pansement, soit en injection.» (extrait de sa communication faite à l'Académie des Sciences le 6 septembre 1915). De fait, dans les tubes à essai, cette solution «augmente la phagocytose dans la proportion de 75 % par rapport à la solution de chlorure de sodium à 8 ‰, qui en donne elle-même plus que toutes les autres substances étudiées». Elle était par conséquent la meilleure des méthodes de pansements.

Il qualifie de «cytophylactique» cette méthode qui a pour but d'exalter la vitalité des cellules (le mot «cytophylaxie» signifie «protection des cellules»). Et il ajoute ce commentaire intéressant: «Le mot... est assez mal choisi. J'aurais dû en forger un autre qui aurait signifié «exaltation des cellules». Peu importe le nom. A cette époque, je concevais la cytophylaxie comme une méthode de lutte contre l'infection des plaies, rien de plus...»[1] !

Mais, fort heureusement, il n'en reste pas là.

De l'usage externe à la voie interne

Il lui fallait ensuite chercher si l'action cytophylactique de la solution de chlorure de magnésium se manifestait aussi dans l'organisme. Ses expériences, trop complexes pour être décrites ici, donnent des résultats «saisissants» selon ses propres termes : non seulement cette action persiste, mais elle est encore beaucoup plus marquée (la phagocytose augmente de 129 % dans un cas et de 333 % dans un autre). Ses travaux lui prouvent en outre que la solution n'est pas toxique, même injectée dans le tissu cellulaire, dans le péritoine ou dans les veines.

Il songe à utiliser en thérapeutique l'action que lui-même qualifie de «puissante» de la solution de chlorure de magnésium. Il décide donc de l'étendre aux infections internes, en utilisant la solution de chlorure de magnésium sous forme d'injections intraveineuses chez les sujets gravement infectés.

---

1 *Politique préventive du cancer*, Pierre Delbet, Editions La Vie Claire.

« Ça nous donne du cœur à l'ouvrage ! »

Le hasard faisant souvent bien les choses, tout va soudain se mettre en place dans des circonstances qu'il rapporte en ces termes :

« Je me rappelle avec précision, comme une des dates importantes de ma vie, le jour, le moment où pour la première fois je l'administrai par la bouche ». Il avait dans son service de l'Hôpital Necker un blessé grave qui refusait les injections. Aussi suggéra-t-il de lui administrer la solution par voie buccale. Sourires de la surveillante et des deux infirmières présentes :

« — Pourquoi riez-vous ?… leur demande-t-il.

— Nous en prenons toutes, répond Madame Boivin, la surveillante.

— Et pourquoi ?

— Ça nous donne du cœur à l'ouvrage !

— Mais qu'est-ce qui vous a donné l'idée d'en prendre ?

— Nous avons remarqué que les malades à qui on en injectait éprouvaient une sorte de bien-être. Alors nous avons essayé d'en boire et ça nous a produit le même effet !

C'est à ce hasard qu'est due l'extension de la méthode cytophylactique. »[2]

Il se met à en administrer à tous les blessés de son service. Il en prend lui-même et en donne à

---

2 *opus cité.*

tout son entourage, familial aussi bien que professionnel. Tous sont unanimement enchantés de la sensation d'euphorie, d'énergie, de résistance à la fatigue qu'ils éprouvent en prenant ce que tous appelaient « sa drogue ». L'information se répand comme une traînée de poudre, ce qui lui procure une ample moisson de faits auxquels il ne s'attendait guère et qui lui inspirent de nouvelles recherches.

« Je fus ainsi conduit à étudier l'action des sels magnésiens sur la narcose chloroformique, sur les avitaminoses, sur l'anaphylaxie, sur la sécrétion, l'élimination et les propriétés de la bile, sur l'acidification de l'urine », si importante dans le cancer.

Le champ de sa méthode se trouve ainsi singulièrement élargi : de technique de pansement, elle devient « une méthode générale qui augmente la résistance non seulement contre l'infection, mais contre l'avitaminose, contre l'anaphylaxie, contre le dépérissement sénile et contre la cancérisation »[3]. Vaste programme qui l'amena à publier ses travaux dans deux communications à l'Académie des Sciences et à l'Académie de Médecine en septembre 1915. Professeur de clinique chirurgicale, il dispose à cette époque d'un laboratoire ; ses élèves sont ses plus précieux

3 *opus cité.*

auxiliaires. En avril 1918, il publie même en collaboration avec l'un d'eux, Noël Fiessinger, un gros livre intitulé *Biologie de la plaie de guerre*[4] dans lequel il établit le bilan de ses recherches.

La delbiase

La méthode se structure et se perfectionne. Au début, il utilisait le chlorure de magnésium seul. Par la suite, ayant pris connaissance des travaux de Grignard sur la puissance synthétique des composés organo-magnésiens, il décide d'ajouter au chlorure de faibles quantités des autres sels halogénés de magnésium : bromure, iodure et fluorure. Après quelques tâtonnements, il met au point une formule à laquelle il donne le nom de **delbiase**, toujours en vente libre en pharmacie. (Cependant, pour une obscure raison, l'actuelle delbiase s'est vue amputée depuis 1983 des iodure et fluorure, tout en conservant le même nom ! Elle ne contient donc plus, hélas, que du chlorure de magnésium et du bromure de magnésium[5].)

4 Librairie Félix Alcan, Paris.

5 Selon le laboratoire Promedica qui la commercialise, cette suppression aurait été demandée par crainte d'une allergie à l'iode chez les personnes sensibles.

Formule originale de la delbiase du Professeur Delbet

Voici la formule exacte, telle qu'il la mit au point puis l'appliqua pendant des décennies avec les succès que l'on sait:

Chlorure de magnésium	0,592
Bromure de magnésium	0,020
Iodure de magnésium	0,0001
Fluorure de magnésium	0,0009

«En sels anhydres, c'est-à-dire dépouillés de leur eau de cristallisation, cela donne:

Chlorure de magnésium anhydre	0,379
Bromure de magnésium anhydre	0,013
Iodure de magnésium anhydre	0,000072
Fluorure de magnésium anhydre	0,0009

Du traitement des plaies à la prophylaxie du cancer

C'est tout à fait par hasard, une fois encore, que Delbet est amené à constater une possible liaison entre la prise régulière de delbiase et la disparition «spontanée» de lésions cutanées précancéreuses dont il s'était déjà fait opérer à trois reprises, mais qui récidivaient malgré tout. Ayant décidé de ne plus s'en préoccuper, faute de savoir que faire, il se met à prendre de la delbiase chaque matin. Quelques mois plus tard, tout était redevenu normal sans qu'il y prit garde ! Les lésions ne revinrent jamais plus.

Or, il avait déjà expérimenté la prise de dolomie dans ce type de problème sans obtenir de résultat (la dolomie est un carbonate double de magnésium et de calcium). La suite de ses recherches prouva que l'action du chlorure de magnésium ou de la delbiase était probablement due, non à l'ion magnésium, mais à la molécule saline (le chlorure). Il existe une grande différence entre le carbonate et les sels halogénés ! Il put même constater que, tandis que les carbonates accélèrent l'évolution des tumeurs cancéreuses ou des lésions précancéreuses, la delbiase ou le chlorure de magnésium en stoppe l'évolution et les fait même souvent régresser.

Ses nombreuses expériences (sur les animaux, hélas) visent alors la prévention et l'évolution de cancers greffés. Les résultats, très nettement favorables, lui prouvent qu'il est possible de ralentir l'évolution des cancers en saturant l'organisme de ces sels halogénés de magnésium. Leur action sur la cellule cancéreuse est indiscutable. Ce sont ces faits cliniques qui lui permirent d'attribuer aux sels halogénés de magnésium (chlorure de magnésium et delbiase) une action préventive contre le cancer.

Il souligne par ailleurs que le chlorure de magnésium ne doit pas être considéré comme un toxique pour la cellule cancéreuse. En fait, « tout ce qui vit a besoin de magnésium, les cellules cancéreuses comme les cellules saines ». L'action des sels magnésiens est en fait cytophylactique, c'est-à-dire qu'ils augmentent la résistance et l'activité des cellules. En fait, ils rétablissent le bon fonctionnement cellulaire lorsque celui-ci se trouve vicié par une quelconque pathologie.

Autre action du chlorure de magnésium : il diminue l'alcalose sanguine et acidifie l'urine chez les cancéreux qui, généralement, souffrent d'hyperalcalose. Cette action pourrait à elle seule expliquer l'un des modes d'action du chlorure de magnésium sur les terrains cancéreux.

Carence magnésienne et cancérose : l'alimentation moderne en procès

Ce fut à cette époque qu'on commença à se préoccuper de la rapide augmentation du nombre de cancers dans tous les pays civilisés. C'était le moment de vérifier si sa conception du rôle de la carence magnésienne était juste : en ce cas, il fallait que la ration magnésienne des pays développés fut en nette diminution, ce qui expliquerait la recrudescence soudaine des cancers.

Le résultat des recherches de Delbet en ce domaine porta sur deux raisons principales :

le blutage des farines et le raffinage du sel. En effet, la plus grande partie du magnésium du blé reste dans les sous-produits réservés aux animaux : le pain blanc est réellement antihygiénique, car privé de tous les éléments nutritifs éliminés lors du blutage. Quant au sel, son raffinage est une autre erreur car il élimine toute trace de magnésium. Consommer un sel non raffiné est donc très important.

Autre élément d'importance : la teneur en magnésium des légumes et des fruits. Lorsque le sol est appauvri en magnésium (cas de certaines régions et, à notre époque, des cultures « forcées » ou intensives), on voit fleurir les cancers ! D'où l'utilité des engrais magnésiens qui représentent un des aspects de la politique préventive du cancer de Delbet.

Pour le prouver, des études géographiques poussées furent entreprises en 1928, afin de voir si les cartes géologiques des régions pauvres en magnésium coïncidaient avec celles des régions où l'on constatait un nombre important de cancers. Selon Delbet : « La comparaison des deux cartes est saisissante ! On peut les confondre ». Le même travail fut entrepris à l'étranger, avec les mêmes résultats. Ainsi, en Egypte ou en Tunisie où l'alimentation était particulièrement riche en magnésium en raison de la richesse du sol et de l'eau en cet élément, on ne trouvait pas de cancer.

Les expériences du Docteur Neveu

Nous voici en 1932. Les travaux du Professeur Delbet commencent à être connus. D'autres chercheurs s'y intéressent et, parmi ces derniers, le Docteur Neveu. Ce dernier décide alors de tenter l'expérience et applique la méthode cytophylactique au traitement des maladies infectieuses, humaines et animales.

En avril 1937, le Docteur Neveu fait ses premiers essais sur le traitement cytophylactique de la maladie de Carré (maladie du jeune âge du chien). Toutes ces expériences furent concluantes et il réussit ainsi à guérir tous les chiens, à la seule condition que la paralysie n'excède pas huit jours.

Or, la maladie de Carré est en fait la polio du chien et il y a identité virale entre cette forme et la polio humaine. Seule différence : alors que le chien peut supporter huit jours de paralysie sans que ne soit compromis le traitement, chez l'homme il n'en est pas de même et il faut appliquer le traitement au chlorure de magnésium le plus vite possible. Notons quand même à ce sujet que le Docteur Neveu obtint aussi de nombreux succès sur des malades traités avec parfois plusieurs mois de retard !

La poliomyélite vaincue

Cette « terrible maladie » terrifiait à juste titre nombre de parents car il n'existait aucun traitement efficace. Les enfants atteints conservaient à vie d'importantes séquelles de leur maladie : jambes atrophiées, démarche déhanchée dans le meilleur des cas.

Or, le Docteur Neveu a rapporté de très nombreux cas de guérison de la poliomyélite en quelques jours. Le chlorure de magnésium, administré à temps, arrête la maladie, même dans les cas les plus graves. « L'effet cytophylactique du chlorure de magnésium ne peut vraiment pas être mis en doute dans le traitement de cette maladie »[6].

C'est en 1947 qu'à la demande du Professeur Javillier (chargé lui-même de la conférence inaugurale) le Docteur Neveu fait part de son expérience au cours des « Journées thérapeutiques de Paris » dans une communication intitulée « Traitement cytophylactique de quelques maladies infectieuses de l'homme et du bétail par le chlorure de magnésium ». Il y mentionne son premier succès sur un cas de polio, obtenu lors de l'épidémie de 1943. Lorsqu'on lui amena

---

[6] *Traitement cytophylactique des maladies infectieuses par le chlorure de magnésium, La poliomyélite,* Docteur Neveu, Editions Le François 1959.

l'enfant, il était déjà paralysé de la jambe gauche depuis plusieurs jours; malgré l'important retard apporté à l'instauration du traitement, l'enfant guérit complètement en une quinzaine de jours !

Traitement de la poliomyélite

Ce traitement doit être entrepris dès les premiers symptômes, à savoir :

- fatigue, malaise général, céphalées, fièvre
- angine avec raideur de la nuque
- raideur douloureuse de la colonne vertébrale dorsale
- apparition de la première paralysie (avec la chute de la température)

La guérison est alors rapide et complète, dans tous les cas.

Si l'on a trop attendu, la gravité du mal s'accroît en fonction du délai mis à l'instauration du traitement magnésien. En effet, le virus de la poliomyélite détruit la substance nerveuse des cornes antérieures de la moelle épinière, ce qui laisse des cicatrices scléreuses inguérissables.

Cependant, même dans ce cas, le Docteur Neveu conseille d'entreprendre le traitement magnésien : le malade doit absorber une dose – adaptée à son âge (voir posologie p. 73) – de chlorure de magnésium, d'abord toutes les six heures pendant quelques jours (donc quatre fois par jour à intervalles réguliers), puis toutes les huit heures, puis deux fois par jour pendant une longue période.

On a pu de cette façon améliorer les états chroniques de manière parfois étonnante, surtout dans les cas les plus récents (paralysie de moins d'un mois). Même dans des cas plus anciens, la prise régulière de delbiase à raison

En cas d'épidémie de méningite

Cette redoutable maladie continue chaque année à faire des victimes, surtout chez les enfants. Là encore, le chlorure de magnésium fait merveille, ce qui ne doit bien sûr pas vous inciter à l'imprudence.

Préventivement: instituez dès que possible le traitement au chlorure de magnésium. Si malgré tout l'enfant présente des symptômes suspects (angine, violents maux de tête, raideur de la nuque) vous devez l'amener chez le médecin qui lui prescrira un traitement approprié. Continuez cependant de lui faire prendre du chlorure de magnésium aux intervalles conseillés jusqu'à guérison complète: le résultat des deux thérapies associées n'en sera que meilleur.

de six comprimés par jour pendant plusieurs mois améliore très sensiblement la situation.

Depuis, de très nombreux cas on été guéris grâce à ce traitement sans que cela ne semble avoir réellement éveillé l'attention ni l'intérêt du corps médical ! On continue quand même de vacciner systématiquement les enfants, ce qui a provoqué l'apparition de nombreux cas de poliomyélite vaccinale ! Cette vaccination est donc à la fois impuissante et dangereuse. Quant au traitement antibiotique, il est totalement inefficace, comme pour toute maladie virale. Et pourtant, la solution est là, à disposition de tout le monde : le chlorure de magnésium !

Angine rouge ? Ayez le réflexe chlorure de magnésium !

Il est à remarquer que nombre de maladies infectieuses graves commencent par une angine rouge sévère. Ainsi, la raideur de la nuque est aussi présente dans les cas de méningite. Le simple fait d'instituer aussitôt le traitement au chlorure de magnésium – qui guérit l'angine – permet la plupart du temps d'échapper à des troubles plus sérieux et, en tout cas, de les rendre bénins en enrayant la maladie en préparation.

Guérison d'un cas de diphtérie

Encore une fois, l'expérience se présente fortuitement, emportant définitivement l'adhésion du Docteur Neveu à la méthode.

Une de ses petites malades, Ghislaine, se trouvant atteinte d'angine suspecte (la diphtérie faisait alors des ravages), le Docteur Neveu pratique sur elle un prélèvement amygdalien à fin d'analyse ; par prudence, il décide de lui faire prendre du chlorure de magnésium pour atténuer les troubles anaphylactiques du sérum qu'il pensait devoir lui injecter si l'analyse revenait positive. A sa grande surprise, il trouve le lendemain matin sa jeune patiente totalement guérie, alors que le résultat de l'analyse pratiquée en laboratoire était revenu indubitablement positif !

Cette étonnante guérison marque pour lui le point de départ de ses recherches sur le traitement des maladies infectieuses par le chlorure de magnésium. Avec l'appui d'un groupe de médecins ralliés à la technique de Delbet au vu des résultats obtenus, il fait une communication sur « les propriétés pharmacodynamiques et thérapeutiques du magnésium », lors des Journées thérapeutiques de Paris en 1947. Il a à cette occasion la mauvaise surprise de voir le rapport écrit de sa communication non seulement tronqué, mais surtout condensé à l'extrême et parsemé d' « erreurs typographiques » étranges : on y lit par exemple « améliorations » alors qu'il parlait de « guérisons », et « huit cas sur 61 » au lieu de ... « 58 cas sur 61 » (dans les trois cas restants, les patients avaient reçu un sérum, en plus de la thérapie magnésienne, aussi ne les avaient-ils pas inclus dans sa statistique, par scrupule intellectuel, alors que le taux des guérisons était en fait de cent pour cent !). Au fil des décennies, il semble que rien ne change vraiment...

D'autres affections traitées avec succès

Il en fut ainsi de la grippe et des affections respiratoires : pleurésies, bronchites, coqueluche, asthme, bronchites chroniques, emphysème, rhume des foins et autres. Il put l'expérimenter, entre autres occasions, lors de l'épidémie de grippe sévère de l'hiver 1935 qui fit tant de victimes, nombre de gens décédant de bronchopneumonie grippale. Dans le même temps, parmi les personnes traitées au chlorure de magnésium, toutes se remettaient rapidement.

Et cependant...

En dépit des preuves apportées, des études effectuées, des nombreux témoignages de patients guéris et de médecins ayant tenté la méthode, le Docteur Neveu eut à subir d'incessantes critiques, médisances, contre-vérités et attaques injustes de la part de la Faculté. Lorsqu'il mourut, usé par cette lutte incessante pour sauver des enfants autrement condamnés, au moins avait-il eu la satisfaction de savoir que dorénavant, le chlorure de magnésium se vendait couramment dans toutes les pharmacies. Il en est heureusement toujours ainsi et c'est à nous tous de faire en sorte qu'il en soit encore longtemps ainsi !

□

Chlorure de magnésium : mode d'emploi

Facile à préparer, simple à prendre, peu coûteux, il faut penser à ce remède au moindre début de malaise car il peut éviter des problèmes plus graves. Seul inconvénient : son goût désagréable. Aussi, un conseil : avalez-le d'un coup et non par petites gorgées ! Au bout de quelques prises, vous serez surpris de constater que cela « passe » mieux et, sans pour autant trouver cela agréable, les bénéfices que vous tirerez de ce petit effort vous sembleront sans commune mesure avec le faible désagrément supporté.

Les sels de magnésium : des aliments nécessaires

On les retrouve à l'état naturel dans nombre de végétaux (fruits, légumes, céréales…) et dans toutes sortes de complexes organiques. Mais la culture intensive, ainsi que le raffinage excessif des aliments de base tels que pain, farines, céréales, huiles, sel, etc., ont fini par en diminuer la teneur et même souvent supprimer toute trace de ces sels cependant si nécessaires à notre métabolisme. Leur absence complète est incompatible avec la vie et leur carence entraîne des troubles fort divers qui disparaissent dès qu'on en complète la ration alimentaire quotidienne.

Or, dans nos pays civilisés, la plupart des gens sont en état de carence magnésienne quasi totale. Qu'on ne s'étonne donc pas si l'absence de cet indispensable catalyseur crée tant de dégâts !

Pourtant, le remède est simple : il faudrait adjoindre systématiquement du chlorure de magnésium ou de la delbiase à notre alimentation. Certes, son goût désagréable nous décourage de le faire et nous le fait prendre pour un médicament, bien qu'en réalité il faille le considérer comme un aliment. C'est pourquoi il ne connaît aucune contre-indication réelle, en dépit de l'idée reçue. (Nous citerons quand même les principales précautions d'emploi en fin de chapitre, par simple sécurité !)

Enfants ? Eux aussi

Vous serez de même surpris de voir vos enfants s'habituer mieux que vous à ce traitement : passé les premières prises, ce sont eux-mêmes qui vous en réclameront quand ils se sentiront « patraques » !

Expliquez-leur les avantages de ce traitement : « tu verras, tu vas très vite te sentir mieux et tu pourras aller jouer dehors très bientôt », « si tu avales ça, tu n'auras pas besoin de piqûre » (ça, ça marche très bien chez les petits ordinairement traités aux antibiotiques), etc.

Avertissez-les du goût désagréable, jouez avec eux à qui de vous deux fera la plus belle grimace… et promettez une cuillerée de miel, par exemple, après la prise : le mauvais goût s'estompe instantanément. Lorsqu'ils en auront ressenti par eux-mêmes les résultats, vos enfants feront comme tant d'autres : ils deviendront auprès de leurs petits camarades des « zélateurs » du produit et vous recevrez certainement quelques coups de fil de parents curieux de savoir de quoi il s'agit !

Un effet légèrement laxatif ? Normal

Vous constaterez peut-être (pas toujours) que la prise de chlorure de magnésium a sur vous un effet laxatif. Surtout n'arrêtez pas le traitement, cette réaction est tout à fait normale et n'a rien à voir avec une quelconque maladie. En général, le soulagement vient avec cette petite diarrhée.

Quelle forme galénique choisir ?

Il est quatre présentations distinctes sous lesquelles vous pouvez vous procurer le chlorure de magnésium:

Chlorure de magnésium en sachets de 20 g

Commercialisé en pharmacie. Il s'agit-là de la forme la plus simple et la plus couramment utilisée. De plus, les sachets se conservent bien et sont faciles à stocker. Nous nous y référerons le plus souvent.

Préparation: dissoudre le contenu du sachet dans un litre d'eau.

Delbiase

Commercialisée en pharmacie (Laboratoire Promédica). La présentation sous forme de comprimés convient particulièrement aux voyages. De plus, l'adjonction au chlorure de magnésium d'un autre sel hydrogéné en renforce l'efficacité et accentue l'effet légèrement euphorisant du produit.

Préparation: dissoudre un ou deux comprimés de delbiase dans un verre d'eau (ne vous en étonnez pas: la dissolution est un peu longue à se produire).

Chlorure de magnésium injectable

Commercialisé en pharmacie (Laboratoire Meram). Les ampoules sont dosées à 5 g de chlorure de magnésium pour 20 ml de sérum physiologique. Cette forme ne s'utilise qu'en situation de grande urgence, lorsque l'on a trop attendu. Par exemple, dans des cas déclarés de tétanos, de méningite, leucémie aiguë. L'injection se pratique par voie intraveineuse lente (en 20 minutes).

Cytodelbiase

Cette pommade est aussi vendue en pharmacie (Laboratoire Promédica). Elle permet, entre autres indications, de traiter les problèmes de peau.

On constate souvent que, plus on est malade, plus cette réaction tarde. Par exemple, si vous avez 39° de température, il vous faudra peut-être attendre trois jours pour la voir apparaître, en dépit des prises fréquentes en ce cas-là. A la suite de quoi, vous constaterez une nette amélioration de votre état.

Par contre, il se peut que la simple prise d'un verre par jour suffise à provoquer cet effet laxatif:

là encore, pas de problème ; il suffit de diminuer légèrement la dose.

Soulignons que cette réaction n'a rien à voir avec, par exemple, une crise d'entérite : les selles deviennent simplement molles (ou liquides en cas de forte consommation) et ce phénomène reste totalement contrôlable (il n'y a donc rien à craindre : vous pouvez vous rendre à votre travail ou aller faire vos courses). Bien que cet effet laxatif présente bien des avantages, en nettoyant vos intestins par exemple, là n'est pas le but. Profitez donc de cette purification, mais ne cherchez pas à la prolonger outre mesure, sauf en cas de pathologie grave. Il vous suffit de diminuer un peu la quantité absorbée.

Autre constatation intéressante : chez les personnes atteintes de colite chronique aussi bien que chez les constipés, la prise régulière et de longue durée finit toujours par régulariser la situation !

Mode de préparation

Rien de plus simple. Vous trouverez en pharmacie des sachets dosés à vingt grammes de chlorure de magnésium.

Il suffit alors de diluer le contenu de ce sachet dans un litre d'eau peu minéralisée ou Volvic, Mont Roucous, Evian : votre solution est dès lors utilisable et se conserve très bien. Inutile de la mettre au frais.

Pensez aussi à toujours détenir chez vous quelques sachets d'avance : vous l'avez constaté, c'est souvent le samedi soir que votre enfant ou vous-même tombez malade, alors que la pharmacie voisine vient juste de fermer !

POSOLOGIE

Adultes et enfants au-dessus de cinq ans

Faire prendre 125 cc (un verre ordinaire) de la solution de une à six fois par jour, selon le cas (voir plus loin).

❶ Si l'on désire seulement un **effet préventif** (fatigue, épidémie de grippe ou autre), il suffit généralement d'en prendre un verre matin et soir pendant quelques jours.

❷ En cas de **maladie aiguë** (fièvre, mal de gorge, toute infection) : il est souhaitable de débuter par deux ou trois doses rapprochées à trois heures d'intervalle ; puis prendre un verre (125 cc) toutes les six heures pendant quarante-huit heures ; puis toutes les douze heures (selon l'état du malade). On termine par un verre au coucher pendant une semaine, pour restaurer le bon état immunitaire.

❸ En cas de **troubles bénins sans fièvre :** on peut se contenter d'un verre une ou deux fois par jour pendant quelques jours. Toujours poursuivre quelques jours après la disparition de tous les troubles.

Comme vous le constatez, ce traitement est fort simple, non contraignant (on peut l'emmener avec soi au travail, en voyage, etc.), bien qu'efficace. La plupart du temps, il vous permettra de ne pas tomber malade, ou en tout cas de continuer d'aller travailler en dépit d'un mal de gorge ou d'une rhino-pharyngite. Il se couple très bien avec un traitement homéopathique, allopathique ou autre, si vous le désirez.

Enfants au-dessous de cinq ans

Ces doses sont réduites en fonction de l'âge :

- 100 cc à quatre ans
- 80 cc à trois ans
- 60 cc à deux ans

N'ayez cependant pas d'inquiétude si, par erreur, vous en avez donné trop : le produit ne présente aucune toxicité et il n'adviendra rien de fâcheux à votre enfant, excepté des selles liquides (à ne pas confondre avec une entérite !).

La fréquence des prises est la même que précédemment, à adapter selon la situation :

Préventivement: une ou deux fois par jour

Curativement: deux ou trois doses rapprochées à trois heures d'intervalle pour commencer en cas d'infection aiguë, puis toutes les six heures pendant quarante-huit heures, puis toutes les huit heures, puis toutes les douze heures.

Chaque dose peut être légèrement additionnée d'eau, sucrée à volonté et aromatisée au jus de citron pour les enfants qui prendraient difficilement la solution normale. Cependant, si vous prenez bien la peine de les avertir du goût déplaisant, d'en faire un jeu en en prenant vous-même (ce qui ne saurait que vous faire du bien) et de promettre une petite friandise pour faire passer le goût, vous ne rencontrerez généralement aucun problème: j'ai toujours constaté que les plus difficiles à persuader étaient les adultes, pas les enfants!

Pour les nourrissons

Selon leur âge, on leur fait absorber la solution de chlorure de magnésium au compte-gouttes, par cuillère à café ou par cuillère à soupe, en conservant le même espace de temps qu'indiqué ci-dessus.

N.B.: N'hésitez pas à diminuer les doses en cas de dérangement intestinal prolongé, car là n'est pas le but poursuivi. Si cette réaction est normale et souvent bienfaisante en début de traitement, il n'est pas nécessaire de l'entretenir. Il s'agit avant tout de nourrir les cellules afin d'augmenter leur résistance à l'infection.

Y a-t-il des contre-indications au chlorure de magnésium ?

Ni le Professeur Delbet, ni le Docteur Neveu, pas plus que leurs successeurs n'ont jamais constaté d'intolérance ni de réaction négative au traitement par la solution de chlorure de magnésium, pas plus que par la delbiase, qui doivent, rappelons-le, être considéré non comme un

Cependant, par mesure de sécurité

Il est préférable de s'abstenir de ce traitement en cas de néphrite sérieuse, d'insuffisance rénale grave ou d'hypertension artérielle, ainsi que dans tous les cas où le sel est déconseillé. Il en est de même dans les cas d'hémophilie, en raison de son action légèrement retardatrice sur la coagulation sanguine.

Quant à la delbiase, elle est généralement déconseillée lors d'un traitement aux quinidiniques.

médicament, mais comme un *complément alimentaire*. Comme l'exprime le Docteur Neveu : « La crainte d'occasionner une néphrite ne doit pas empêcher l'emploi du chlorure de magnésium. Je n'en ai pas observé sur les très nombreux malades à qui j'ai fait suivre le traitement magnésien. »

De même dans le cas d'hypertension, aucune aggravation n'a jamais été constatée.

□

Quelques indications…

L'action **immuno-stimulante** du chlorure de magnésium (ou de la delbiase qui y ajoute les vertus des autres sels halogénés de magnésium) en fait une véritable panacée, utilisable en toute circonstance, de la plus bénigne à la plus sérieuse. Son innocuité permet d'en faire un large usage, y compris préventif. Ainsi en période hivernale, pourquoi attendre d'attraper la grippe pour s'en prémunir : un verre de la solution matin et soir vous permettra de rester en pleine forme, même en cas d'épidémie.

Avant tout : la prévention

La prise de chlorure de magnésium ou de delbiase doit être quotidienne : cette prise, à visée préventive, doit être considérée comme un palliatif aux carences modernes de notre alimentation.

Cependant, cette prise ne représente qu'un moyen individuel, « utile transitoirement » : la vraie solution, comme l'exprimait Delbet,

« consisterait à rattacher le Ministère de l'Agriculture à celui de la Santé en promouvant une haute teneur en magnésium et en tous les autres nutriments de notre alimentation, qui devrait représenter notre vraie médecine ». Tel n'est hélas pas le cas et, depuis l'époque des travaux de Delbet, la situation n'a fait qu'empirer de manière catastrophique : le nombre de cancers et autres maladies dégénératives n'a cessé de croître !

Soulignons donc l'importance d'une alimentation à base de fruits, légumes et céréales cultivées selon les principes de l'agrobiologie, avec addition d'un peu de sel non raffiné : notre santé et celle de nos enfants en dépendent. Cependant, pour combler les carences, la cure de chlorure de magnésium s'impose.

Régime carencé

Parmi les observations de Delbet, il est une curiosité : la prise régulière de chlorure de magnésium atténue considérablement les effets négatif d'une alimentation carencée. Il semble bien que ce sel permette ou régularise certaines synthèses que la carence en nutriments divers (vitamines, minéraux…) empêche ou trouble.

Si tel est votre cas, que ce soit à la suite d'une grave maladie, d'un régime amaigrissant trop drastique ou déséquilibré, ou simplement parce que vous n'avez guère pris le temps de vous préparer des repas sains comprenant en suffisance légumes (dont crudités), céréales non raffinées (riz complet, pâtes complètes, semoule, pain bio,

Un effet protecteur contre les rayonnements ionisants

Notre monde nous fait vivre dans un véritable « bain de radiations » de toutes sortes. Outre l'exposition à la radioactivité (qui n'a pas consommé d'aliments irradiés), il y a aussi la télévision, les jeux vidéos, les écrans d'ordinateur et j'en passe. Or, cette exposition quasi permanente perturbe l'équilibre des cellules vivantes, a un effet très *yin*, ce qui génère de nouvelles pathologies pouvant aller de la simple fatigue à l'agressivité, aux maux de tête… et à la leucémie engendrée par l'exposition à la radioactivité (par exemple, Tchernobyl).

Or, le chlorure de magnésium se présente comme un chélateur de la radioactivité, très *yang*, capable de contrebalancer en partie ces effets morbides.

Si vous passez beaucoup de temps devant un écran, pensez à prendre du chlorure de magnésium régulièrement : cela vous aidera !

etc.), fruits, huiles vierges, sel marin non raffiné [1], il vous sera très utile de prendre quotidiennement **un ou deux verres de chlorure de magnésium** *ou* **un comprimé de delbiase matin et soir**.

Bien entendu, pour un résultat durable et une amélioration sensible de votre santé, il vous faudra réformer votre alimentation ou prendre une supplémentation sous forme de vitamines, minéraux ou autres compléments alimentaires selon vos besoins et les conseils d'un thérapeute compétent.

---

1 Vous pouvez vous référer à ce petit guide : *Cuisine végétarienne rapide,* M.-F. Muller, collection Pratiques Jouvence.

QUAND IL FAUT AGIR...

Vous trouverez ici quelques indications quant à l'utilisation du chlorure de magnésium, de la delbiase et de la cytodelbiase.

Il ne s'agit là que d'indications : demandez l'avis de votre médecin ou de votre thérapeute habituel.

Accouchement

La prise préventive de chlorure de magnésium améliore nettement ce moment difficile en rendant beaucoup plus supportables et efficaces les contractions. En fait, ce sel stabilise le système musculaire, tout en faisant bénéficier la future maman de son effet légèrement euphorisant et tonique. Son caractère légèrement laxatif peut aussi soulager dans les dernières semaines de la grossesse.

De plus, la consommation préventive supprime tout risque de cette trop fameuse « fièvre puerpérale » qui a fait tant de victimes, surtout autrefois.

Trois semaines avant : un comprimé de delbiase deux fois par jour, ainsi que le jour de l'accouchement. Puis, un comprimé pendant quelques semaines, pour favoriser le retour à la normale (plus en cas de besoin).

Abcès, anthrax, furoncles

La thérapie magnésienne s'oppose à leur évolution dès le début du traitement.

- un verre de la solution matin et soir pendant trois semaines.

  Pour un anthrax:

- un verre toutes les six heures.

Dans tous les cas, recouvrir les lésions de compresses de chlorure de magnésium. La douleur s'atténue rapidement et la guérison obtenue en quelques jours (une quinzaine dans les cas de furonculose ou d'anthrax).

Acné

On obtient de bons résultats en remplaçant les lotions diverses prescrites habituellement par du chlorure de magnésium, appliqué avec un coton après nettoyage soigneux de la peau. On peut aussi utiliser la cytodelbiase, après nettoyage soigneux.

Il est bien entendu souhaitable de se mettre à la cure magnésienne afin de stimuler les défenses immunitaires et le métabolisme. On connaît des acnés rebelles guéries en quelques semaines de cette cure interne.

- un verre de chlorure de magnésium deux ou trois fois par jour.

N.B.: Ne pas abuser de la delbiase chez les adolescents : si elle accélère la maturation sexuelle, elle peut aussi entraîner chez certains une excitation sexuelle excessive.

Allergies

Bien que le chlorure de magnésium ne guérisse pas les allergies, les travaux de Delbet démontre clairement que, dans la plupart des cas, il permet de mieux supporter les allergènes et diminue la réaction anaphylactique de manière très nette.

La prise quotidienne d'un verre au coucher est donc conseillée aux personnes allergiques pour lesquelles elle constitue une forme de prévention dans les cas d'asthme, d'eczéma, de sinusite, de bronchite asthmatiforme, etc.

Bien sûr, en cas d'infection aiguë, ne pas hésiter à augmenter la fréquence des prises.

Angine

Dès l'apparition du mal de gorge, prendre du chlorure de magnésium deux à quatre fois par jour, selon besoin. Si la fièvre est élevée : un verre toutes les trois heures le premier jour, puis espacer les prises comme indiqué précédemment.

Ne jamais négliger un mal de gorge, car il est souvent la première manifestation de troubles plus graves. En stimulant à ce moment-là vos défenses immunitaires, vous échapperez peut-être à une maladie plus sérieuse sans le savoir. L'idéal est toujours de ne pas attendre d'être vraiment malade pour se soigner. Avec la cure magnésienne, c'est souvent possible.

Asthme

On obtient d'excellents résultats par la simple prise de 125 cc de chlorure de magnésium deux fois par jour pendant trois semaines au moins. Traitement à renouveler autant qu'il est nécessaire.

Athérome

L'association calcium/sels de magnésium favorise l'élimination des surcharges calciques, en particulier dans les tissus articulaires, et des plaques d'athérome qui se fixent sur les artères. Quiserne et Jarrige ont constaté «l'éclaircissement sur l'écran d'aortes obscures et la disparition d'ostéophytes à la suite d'un traitement prolongé d'iodure de magnésium»[2], l'un des sels halogénés de magnésium autrefois contenus dans la delbiase.

2 Travaux cités par P. Delbet, opus cité.

- selon la situation, un comprimé de delbiase deux à quatre fois par jour pendant plusieurs mois.

Blessures diverses

Les enfants préfèrent de loin voir leurs parents utiliser la solution de chlorure de magnésium pour nettoyer les genoux blessés plutôt que n'importe quel autre produit. En effet et comme me l'ont rapporté nombre de jeunes patients : « ça ne fait pas mal, et puis on n'a pas les genoux rouges, et ça cicatrise plus vite sans faire d'aussi vilaines croûtes qu'avec ce que maman mettait avant ! »

- Nettoyer dès que possible au chlorure de magnésium, puis laisser à l'air libre sans autre produit.
- Si la plaie est profonde, recouvrez d'une compresse imbibée de la solution magnésienne et laissez en place comme vous le feriez normalement. Changez le pansement tous les jours.
- Si la blessure est souillée de débris que vous ne parvenez pas à nettoyer, laissez la compresse bien humide en place quelques heures et donnez à boire du chlorure de magnésium deux ou trois fois dans la journée.

Bouche (aphtes, infections diverses)

Bains de bouche deux à quatre fois par jour, en gardant en bouche la solution au moins cinq minutes, puis la recracher. En boire dans le même temps un verre une ou deux fois par jour. Voir aussi : *Pyorrhée alvéolo-dentaire.*

Bronchite

Institué dès les premiers symptômes (en général l'angine), le chlorure de magnésium en enraye l'évolution. Pris tardivement : instituer le traitement des cas aigus : d'abord toutes les six heures, puis toutes les huit heures et toutes les douze heures.

Bronchite chronique

Comme pour l'asthme : un verre deux fois par jour jusqu'à guérison.

Brûlures

Appliquez dès que possible une compresse imbibée de la solution de chlorure de magnésium, ou de la cytodelbiase. Boire aussi un verre de la solution deux fois par jour pour prévenir toute infection.

Calculs biliaires

Il semble bien que la prise régulière de deux comprimés de delbiase par jour, ou de deux verres de chlorure de magnésium, ait une action préventive sur la formation de calculs biliaires.

En outre, selon les travaux de Delbet lui-même, la prise régulière de chlorure de magnésium par un malade déjà porteur de calculs biliaires permet à sa vésicule de beaucoup mieux les supporter et de prévenir l'habituelle altération de sa paroi à leur contact. Les cas de cholécystite guéris par la prise régulière des sels de magnésium sont nombreux.

Cancer

N.B.: LE CHLORURE DE MAGNÉSIUM NE GUÉRIT PAS LE CANCER !

... mais peut en prévenir l'apparition par un usage régulier. C'était là le but essentiel du Professeur Delbet: empêcher la cancérisation !

En cas de cancer avéré, il est cependant recommandé d'adjoindre à votre traitement, quel qu'il soit, la prise régulière de delbiase à raison de quatre comprimés quotidiens: votre système immunitaire s'en trouvera renforcé et vous vous sentirez mieux, revigoré, avec un meilleur moral, ce qui peut influer très positivement sur le cours de cette maladie.

Cheveux blancs

L'application locale de chlorure de magnésium peut restaurer, chez certaines personnes, la pigmentation des poils blanchis par l'âge ou le stress.

- Matin et soir, lotionnez-en vos cheveux et le cuir chevelu pendant quelques mois (au moins six mois) et buvez un verre de la solution. Appliquez-en aussi sur vos sourcils et votre moustache, si vous la portez.

Delbet indique aussi une formule de crème (l'équivalent de l'actuelle cytodelbiase) à base des sels halogénés de magnésium, avec laquelle il obtenait d'assez bons résultats. En voici la teneur en sels de magnésium. « Les proportions centésimales sont données en sels anhydre :

Chlorure de magnésium ____0,80 gr
Bromure de magnésium ___0,084 gr
Iodure de magnésium __0,000504 gr
Fluorure de magnésium___0,0063 gr

Il faisait appliquer la crème en demandant de la faire si possible adhérer à la peau. Inutile d'en mettre une couche épaisse. Au bout de quelques semaines, on pouvait observer une recoloration des poils. Vous pouvez essayer avec la cytodelbiase, bien que la crème soit d'application peu pratique sur le cuir chevelu !

Chirurgie

Il est très bénéfique de se préparer à une intervention chirurgicale par la prise deux fois par jour d'un verre de chlorure de magnésium. On reprend cette cure dès le lendemain de l'intervention, ce qui permet d'obtenir plus rapidement les premières selles et l'évacuation des gaz.

Ainsi pris durant la semaine précédant l'intervention, le chlorure de magnésium dynamise les défenses immunitaires, prévient toute infection, stabilise le système nerveux par son effet légèrement euphorisant et donne de l'énergie.

Il permet aussi de mieux supporter l'anesthésie (sur laquelle il n'a aucune influence) et n'augmente pas l'hémorragie opératoire.

Par contre, l'opéré se remet mieux et plus vite !

Constipation (voir **troubles digestifs**)

S'il s'agit d'une constipation sérieuse et ancienne, vous pouvez commencer par des doses rapprochées le premier jour, à raison d'un verre quatre fois dans la journée. Puis trois verres le jour suivant, deux le lendemain et par la suite pendant plusieurs semaines, jusqu'à complète régularisation.

Dans le cas plus courant d'une constipation passagère ou légère, un verre ou deux par jour suffiront à tout faire rentrer dans l'ordre. Quand le bon fonctionnement intestinal est rétabli, continuez encore durant quelques semaines à prendre un verre au coucher.

Coqueluche

Au dire même du Docteur Neveu : « commencé à la première toux, le traitement magnésien jugule la coqueluche ; institué tardivement, il modère les quintes, abrège la maladie ».

Coryza ou rhume de cerveau

Dans la plupart des cas, lorsqu'il est pris à son début, le rhume disparaît presqu'immédiatement par la prise d'une seule dose de chlorure de magnésium !

Si le rhume est déjà installé, deux doses quotidiennes sont nécessaires pour éviter toute complication. On peut aussi instiller dans le nez quelques gouttes de la solution.

Coryza spasmodique ou rhume des foins

Commencez la thérapie magnésienne un mois avant la période critique par une prise quotidienne. Si le rhume commence, augmentez à deux prises par jour durant toute la période.

Instillez-en aussi quelques gouttes dans les narines matin et soir, ou avant de sortir.

Crampes, contractures

La prise régulière de chlorure de magnésium se montre très efficace, prise à raison d'un demi-verre ou un verre matin et soir. De même pour les crampes nocturnes, si pénibles.

Décalcification, ostéoporose, rachitisme

Contrairement à l'idée reçue, le magnésium, loin de décalcifier, favorise au contraire la fixation du calcium et du phosphore. C'est sa carence qui est la cause fréquente de ces phénomènes morbides ! Il aide au contraire puissamment à résoudre les problèmes de rachitisme et d'ostéoporose, en partie grâce à son action sur les glandes endocrines, dont les parathyroïdes, lesquelles jouent un rôle primordial dans le métabolisme du calcium.

Il exerce sur le calcium une action régulatrice : il en favorise la fixation en cas de carence et l'aide à disparaître là où sa présence est pathologique.

- un comprimé de delbiase deux à quatre fois par jour, selon la gravité du cas.

sion (voir aussi **fatigue**)

ommation régulière de chlorure de um a un effet euphorisant et apaisant fort appréciable en cas d'état dépressif, de manque de joie de vivre et de découragement. Bien sûr, cela ne transforme pas la situation d'un coup de baguette magique, mais la personne peut à nouveau reprendre pied dans sa vie et recommencer à voir les gens et les événements d'une manière plus constructive.

- un verre ou un comprimé de delbiase matin et soir pendant quelques mois.

Diarrhée verte du nourrisson ou neurotoxicose

Les résultats sont probants. Ne pas craindre l'aspect légèrement laxatif du produit. Donnez-le selon la posologie indiquée précédemment :

- une dose quatre fois par jour.

Eczéma

Qu'il s'agisse d'un eczéma chronique, même ancien, ou d'un eczéma professionnel (palmaire par exemple), il cède généralement au traitement magnésien dans un délai de dix à vingt jours.

Qu'il s'agisse d'un eczéma sec ou suintant, lotionnez-vous plusieurs fois par jour avec du chlorure de magnésium que vous laisserez sécher naturellement. Vous pouvez aussi, surtout en cas d'eczéma sec, utiliser la crème cytodelbiase, une ou plusieurs fois par jour.

Par voie interne, ajoutez:

- un verre de chlorure de magnésium ou un comprimé de delbiase matin et soir jusqu'à guérison.

Emphysème

Cette pénible maladie, entraînant une gêne respiratoire sévère, demande, certes, une rééducation pulmonaire. Cependant, la consommation de deux verres de 125 cc de chlorure de magnésium par jour avant les repas se montre généralement très efficace.

Erysipèle

Cette douloureuse maladie de peau d'origine infectieuse (généralement due au streptocoque) s'accompagne de signes généraux sévères. En dépit de la gravité de cette affection, les résultats sont là encore intéressants. Instituez dès que possible la thérapie magnésienne :

- un verre quatre fois par jour, plus souvent si l'état l'exige.

Exposition à la radioactivité

Problème hélas à l'ordre du jour pour certains, et qui peut le devenir pour tous ! Il importe donc de savoir s'en prémunir, autant que faire se peut. Selon Michel Dogna[3], le chlorure de magnésium serait un chélateur de la radioactivité, très *yang* (ce qui attire le *yin*), qui combat à la fois la radioactivité et la leucémie qu'elle engendre. Il importe, en pareil cas, d'associer à la prise quotidienne de chlorure de magnésium la consommation de bouillon de miso (en maison de diététique) et l'argile par voie interne et externe.

- un verre de chlorure de magnésium ou deux comprimés de delbiase deux fois par jour.

Fatigue

La sensation de fatigue, d'asthénie, qu'elle soit consécutive à une maladie infectieuse, produite par le surmenage ou qu'elle survienne sans cause apparente, disparaît rapidement sous l'influence du chlorure de magnésium.

Par ailleurs, ce sel procure calme et énergie, associés à une sensation d'euphorie et d'optimisme. Il permet un surcroît d'activité avec moins de fatigue, ce qui le rend bien utile dans

3 *Vérités Santé Pratique* du 9 - 5 - 98
(BP Paris Bourse n° 903, 75073 Paris Cedex 02).

de nombreuses situations auxquelles nous accule parfois la vie moderne. Notons aussi un net accroissement de la libido, surtout avec la delbiase, qui la font recommander dans les cas d'impuissance ou de manque de désir sexuel.

- un verre ou un comprimé de delbiase deux fois par jour.

Gastro-entérite

Les personnes atteintes de cette pathologie de plus en plus fréquente (souvent en raison de la mauvaise qualité bactériologique de l'eau de consommation) sont toujours étonnées que je puisse leur conseiller cette thérapie: «Mais, j'ai déjà de la diarrhée, alors...». Cependant, elles ont vite la surprise de constater que leur diarrhée diminue et que leur état s'améliore rapidement!

- selon l'état de la personne, trois à quatre verres par jour pendant un jour ou deux, puis un verre matin et soir.

Grippe

Préventivement: prenez un verre de la solution chaque matin à jeun, dès qu'une épidémie est annoncée. C'est le meilleur moyen d'y échapper... (Dans ma famille, personne ne se fait jamais vacciner contre la grippe, cela depuis près de trente ans que je connais la méthode, et nous ne l'attrapons pas !)

Dès les premiers symptômes, appliquez la posologie des troubles aigus, à savoir un verre toutes les trois heures le premier jour, puis espacez comme indiqué plus haut.

Pensez qu'il est toujours possible d'adjoindre à cette cure d'autres traitements, y compris des antibiotiques, si nécéssaire : ils n'en seront que plus efficaces. Cependant, la plupart du temps, on peut s'en passer.

Intoxication alimentaire

Peut se manifester par de la diarrhée, un état syncopal, des vomissements répétés.

- un seul verre de 125 cc suffit généralement à supprimer tout désagrément.

Leucoplasie

Cette affection chronique fort désagréable, qui frappe les muqueuses (surtout la bouche), se manifeste sous forme de plaques blanchâtres ou opalines, souvent en bordure de la langue, et touche principalement les personnes atteintes de déficit immunitaire grave (Sida, cancer...).

- un ou deux comprimés de delbiase ou un verre de chlorure de magnésium deux à quatre fois par jour, selon l'importance de la lésion et l'état général, pendant au moins six mois.

Maladies infantiles: rougeole, scarlatine, rubéole, varicelle...

Dès les premiers troubles (angine, fièvre), instituez le traitement magnésien:

- une dose adaptée à l'âge de l'enfant toutes les six heures.

Lorsque les lésions cutanées apparaissent et que la fièvre est tombée, lotionnez les zones affectées avec la solution ou la crème cytodelbiase et continuez à faire prendre un verre matin et soir. Gardez surtout l'enfant au chaud et au repos jusqu'à guérison complète, même s'il se sent bien.

Maladie de Parkinson

Les sels de magnésium agissent aussi sur certains tremblements pathologiques, tels ceux de cette maladie sur laquelle ils semblent faire merveille, bien qu'il ne s'agisse pas là à proprement parler d'une véritable guérison.

Delbet cite de nombreux cas, dont celui d'un homme de cinquante-sept ans, atteint par cette maladie depuis huit ans, et qui ne pouvait plus même s'alimenter seul tant les tremblements étaient intenses. Aucun traitement n'ayant amélioré son état, il commence par prendre deux comprimés de delbiase par jour, portés à cinq deux semaines plus tard. Au bout de cinq semaines, l'amélioration est nette, bien que sporadique : il peut porter un verre à sa bouche et se tenir mieux debout. Au bout de deux mois de traitement, la stabilité est très améliorée, les périodes de calme se sont allongées et l'état général connaît une considérable amélioration. En outre, il a pris trois kilos ! Une parkinsonnienne de soixante-sept ans, qui ne pouvait plus rien porter à sa bouche en raison de l'ampleur des tremblements de ses membres supérieurs, les a vu rapidement diminuer avec la prise de quatre comprimés de delbiase par jour. Ayant arrêté le traitement, les tremblements ont repris au bout de cinq jours ! Reprise de la delbiase : tout rentre dans l'ordre en quelques jours. Les tremblements ont disparu, l'état général est satisfaisant bien que persiste la raideur musculaire : la maladie n'est pas guérie, mais quelle amélioration !

Mastose, mammite chronique

Dans les cas sérieux :

- quatre à six comprimés de delbiase par jour sont à prendre pendant plusieurs mois, associés ou non à d'autres traitements.

Dans les cas de mastose ordinaire:

- un verre de chlorure de magnésium deux fois par jour pendant quelques semaines font régresser ces problèmes désagréables qui disparaissent le plus souvent.

Mémoire, concentration

Les sels de magnésium augmentent l'activité cérébrale de manière constante. Attention seulement aux fortes doses: elles peuvent entraîner de l'insomnie, mais sans fatigue associée. Si c'est un inconvénient pour certains, ce ne l'est certes pas pour ceux qui manquent sans cesse du temps nécessaire à leurs activités!

- un comprimé de delbiase deux fois par jour représente une ration moyenne.

Ongles

On a constaté que les ongles mous devenaient plus résistants suite à la prise régulière de chlorure de magnésium.

Ostéomyélite

Citée par le Docteur Neveu dans sa fameuse communication, il précise qu'« aucun des malades que j'ai eu à traiter pour ostéomyélite n'a dû subir l'intervention chirurgicale : tout est rentré dans l'ordre par le chlorure de magnésium » !

Oreillons

Comme pour les maladies infantiles.

Otite

Dès les premières douleurs d'oreille :

- une dose, selon l'âge, de chlorure de magnésium trois fois par jour.

Le soulagement intervient dans les heures qui suivent. Si la fièvre est élevée, donnez la solution toutes les six heures le premier jour, toutes les huit heures le lendemain, pour finir toutes les douze heures (même si tout va bien, pour ne pas risquer de rechute). On peut aussi instiller dans l'oreille malade quelques gouttes préalablement tiédies de la solution.

Panaris

Quelques jours de chlorure de magnésium le guérissent, sans qu'il ne soit besoin d'inciser et même lorsqu'une lymphangite commence à se manifester. Protégez avec des compresses imbibées de chlorure de magnésium.

Peau (aussi : **acné, eczéma, p**
psoriasis)
Tous les problèmes de peau sont
d'une complémentation au chlorure
sium, par voie interne et en usage externe : compresse, lotion… La crème cytodelbiase trouve aussi son indication dans ces cas.

Poliomyélite

Comme nous l'avons déjà mentionné, cette terrible maladie fut en quelque sorte le « cheval de bataille » de Pierre Delbet lors de ses travaux concernant les vertus du chlorure de magnésium. Si le traitement est entrepris dès les premiers jours suivant l'apparition de la paralysie, la guérison est rapide et totale, sans séquelle. Pris plus tardivement, les résultats restent généralement excellents : parfois avec disparition totale des séquelles, mais dans les cas trop anciens, on doit se contenter d'une stabilisation de l'état (ce qui n'est déjà pas si mal) souvent accompagnée d'améliorations.

Dès que l'on soupçonne une possible atteinte : un verre (ou moins, selon l'âge) de chlorure de magnésium toutes les trois heures en cas de fièvre, puis espacer comme indiqué précédemment. (Remarquez que quel que soit l'enjeu de la maladie, la posologie est la même !)

En cas d'atteinte ancienne : prendre le chlorure de magnésium toutes les six heures (quatre fois par jour) pendant une dizaine de jours, puis toutes les huit heures pendant encore une quinzaine de jours, puis deux fois par jour pendant une longue période.

Préventivement (par ex : en cas de baignade dans une eau douteuse) : un verre (ou moins selon l'âge) matin et soir pendant quelques jours.

Prostatisme

La prise régulière de delbiase atténue toujours ou fait même souvent disparaître les troubles prostatiques (mictions fréquentes et douloureuses). L'état général s'améliore dès le premier mois de traitement. Cependant, il ne faut pas en attendre de guérison : dès que le traitement est arrêté, les troubles reprennent.

- un comprimé de delbiase quatre fois par jour pendant au moins six mois, associé ou non à un autre traitement.

Prurit

La plupart des prurits – quelle qu'en soit la cause – se trouvent rapidement améliorés par la prise de deux doses quotidiennes de chlorure de magnésium. Ajoutez l'application externe de la crème cytodelbiase ou de la solution, localement.

Psoriasis

Cette dermatose si pénible et difficile à traiter est généralement vite soulagée par la cure magnésienne : une quinzaine de jours suffisent à apporter un soulagement dans la plupart des cas. On ne peut cependant pas parler de guérison, les plaques réapparaissant le plus souvent à la cessation du traitement. Le chlorure de magnésium permet quand même d'obtenir un soulagement précieux. On peut y adjoindre d'autres traitements naturels (bain dérivatif, argile, homéopathie...).

- un verre de chlorure de magnésium une fois par jour.
- application quotidienne de cytodelbiase.

Pyorrhée alvéolo-dentaire

A l'origine du déchaussement des dents, la cause en est générale : auto-intoxication, arthritisme. C'est l'alvéole osseuse qui est atteinte, non la gencive, et l'atrophie des bords alvéolaires apparaît toujours avant les lésions gingivales. Quand la pyorrhée guérit, la densité de la trame osseuse redevient normale. Le traitement magnésien constitue un adjuvant puissant au traitement direct instauré par votre dentiste.

- un comprimé de delbiase quatre fois par jour au début, puis, dès amélioration, deux fois par jour pendant deux ou trois mois.

Raideurs musculaires, courbatures

(voir aussi **maladie de Parkinson**)

Toute atteinte (sauf cause accidentelle) du système neuro-musculaire se trouve soulagée par la prise prolongée de chlorure de magnésium.

Chez les personnes âgées, cette raideur se traduit de bien des façons : démarche saccadée, difficulté à descendre un escalier, écriture qui devient irrégulière. On a vu des personnes ainsi affligées reprendre, sous l'influence du chlorure de magnésium, une démarche souple et élastique, retrouver leur écriture habituelle.

Delbet rapporte le cas d'un homme de soixante-neuf ans, hypertendu, atteint de tremblements qui lui rendaient impossible l'écriture depuis deux ans : diminution du tremblement au bout de trois semaines de cure de delbiase (deux comprimés par jour) et deux semaines plus tard, l'écriture était redevenue normale.

Sclérose en plaques

Sans pour autant amener la guérison, très souvent, la prise de chlorure de magnésium ou de delbiase permet une meilleure stabilité sur les jambes, une diminution des troubles oculaires et supprime la parésie vésicale, à l'origine de troubles de la miction.

- essayer la delbiase, à raison de deux, puis quatre comprimés par jour.

Sénilité

Les travaux de Delbet ont mis en évidence l'importance des sels halogénés de magnésium sur les phénomènes liés au vieillissement : tremblements, prurit, abaissement de la libido, prostatisme chez les hommes, incontinence urinaire, tonus général, concentration, mémoire, mobilité, insomnie, taches brunes (dites « de vieillesse »), etc. Chez les personnes âgées, le taux naturel de magnésium chute considérablement alors que le taux de calcium est augmenté. Or l'équilibre du rapport entre ces deux éléments est très important et Delbet a pu démontrer que ce déséquilibre augmentait avec l'âge. Sans être « miraculeuse » pour autant, la prise régulière de chlorure de magnésium et/ou de delbiase pallie à nombre des effets du vieillissement. Aussi ne saurions-nous trop vous en conseiller l'usage :

- un verre de chlorure de magnésium ou deux comprimés de delbiase deux fois par jour.

Sinusite

Voir coryza.

Système nerveux (voir aussi **fatigue**)

La substance grise est riche en magnésium. Le système nerveux en est grand consommateur et le surmenage intellectuel en accélère les pertes. Bien des troubles nerveux sont dus à une carence en magnésium.

- un verre ou un comprimé de delbiase une ou deux fois par jour.

Taches de vieillesse

Ces taches brunes qui désespèrent tant de personnes du troisième âge peuvent être nettement atténuées par la prise continue par voie interne de chlorure de magnésium.

De même, selon Delbet : « L'application locale de la pommade magnésienne *(cf. Cheveux blancs)* les éclaircit beaucoup et en réduit les dimensions. Elles pâlissent vite et l'hyperkératose qui se produit parfois à leur surface cesse »[4]. Elles ne disparaissent cependant jamais complètement et, si le traitement magnésien est arrêté, elles reprennent leur couleur et se remettent à grossir.

L'intérêt est cependant évident, si l'on considère qu'il se manifeste là un phénomène de régularisation de la pigmentation (de même que

---

4 *Politique préventive du cancer,* P. Delbet, Editions La Vie Claire.

dans le cas des cheveux blancs), dont les troubles « jouent un rôle dans certaines formes de cancer » (cutanés, entre autres).

- 1 verre de chlorure de magnésium quotidien.
- application sur les zones atteintes de cytodelbiase au coucher.

Tétanos

Cette terrible maladie – qui faisait autrefois des ravages et peut toujours survenir – est rapidement et complètement guérie, sans séquelles, par le chlorure de magnésium. Le magnésium ayant pour propriété d'oxygéner le sang, il rend impossible la prolifération du tétanos qui ne peut vivre que dans un milieu anaérobie. Il est pour cela deux modes d'action :

Préventivement : Dès que l'on se blesse de manière suspecte (clou rouillé, plaie souillée de terre, etc.), le mieux est de laver la blessure le plus tôt possible avec la solution de chlorure de magnésium et d'en boire deux verres par jour pendant deux ou trois jours pour éviter tout risque en cas d'éventuelle contamination.

Si l'on a un peu trop attendu et que la plaie s'infecte, il est encore temps d'agir : lavage de la plaie avec la solution magnésienne, application de compresses sur la zone infectée à garder autant qu'il semble nécessaire, prise de la solution par voie interne à raison de quatre verres par jour pour commencer, puis trois le lendemain, deux, etc.

Curativement: Dans les cas extrêmes, la perfusion très lente d'une solution appropriée de chlorure de magnésium (qui ne doit être pratiquée que par un médecin) donne d'excellents résultats en quelques minutes. Un médecin m'a rapporté le cas d'un malade en situation de contracture extrême (dite « en arc de cercle ») se retrouvant tranquillement assis dans son lit sitôt terminée la perfusion de chlorure de magnésium.

- injecter en 20 minutes, par voie intraveineuse, 5 grammes de chlorure de magnésium dissous dans 20 ml de sérum physiologique[11] (formule des Docteurs Fumeron et Neveu). Vous pouvez aussi réaliser vous-même facilement cette préparation en faisant dissoudre un sachet de 20 g de chlorure de magnésium dans 80 ml de sérum physiologique.

Thyroïde (nodules)

Il est ici regrettable de ne plus pouvoir utiliser la delbiase d'origine qui contenait une faible dose d'iodure de magnésium, l'iode étant un

5 *Chlorure de magnésium injectable* du Laboratoire Mairam (disponible en pharmacie).

élément déterminant du traitement. Cependant, la prise régulière de delbiase, associée avec la consommation de sel marin non raffiné, d'algues ou d'extraits d'algues (on en trouve dans les magasins de diététique), exerce une action très favorable sur ces nodules et en prévient la cancérisation.

- deux ou trois comprimés de delbiase par jour sur une période prolongée, jusqu'à disparition des nodules

Tonus sexuel

Il est de fait que la carence en sels halogénés de magnésium a des répercussions sur la fonction et le désir sexuels, de même que sur la fatigue en général. N'hésitez donc pas à y recourir en cas de perte de tonus : vous retrouverez votre dynamisme sans nuire à votre santé !

- deux comprimés de delbiase matin et soir.

Troubles digestifs

Le chlorure de magnésium augmente la contractilité de la fibre musculaire lisse, ce qui active les mouvements de l'estomac et de l'intestin (péristaltisme). D'autre part, les sucs pancréatiques et entériques renfermant naturellement du magnésium, il semble exister un rapport direct entre l'activité des enzymes digestifs et leur teneur en magnésium. Ce qui expliquerait l'action du chlorure de magnésium sur l'amélioration des mécanismes de la digestion.

Que vous souffriez de diarrhée ou de constipation, la prise régulière de chlorure de magnésium vous est conseillée. Chez les constipés chroniques, cela peut provoquer une évacuation rapide (bien qu'on ne puisse considérer ce sel comme un purgatif), suivie à la longue par une régularisation du transit intestinal.

Si vous souffrez de diarrhée, la prise continue de chlorure de magnésium réduira vos selles. De plus, elles se désodoriseront au fil du temps.

Chez les personnes ne souffrant pas de ce type de problème, on peut, comme mentionné précédemment, observer une diarrhée les premiers jours, mais elle ne dure pas. Le résultat habituel est la régularisation. Laissez donc votre corps faire son travail de remise en état et tout se passera pour le mieux !

Verrues

Dans bien des cas, l'absorption quotidienne des sels de magnésium les fait rapidement disparaître. Essayez aussi l'application locale de cytodelbiase.

Vésicule biliaire

Le chlorure de magnésium exerce une action puissante sur la sécrétion biliaire. Il amène l'évacuation rapide de la vésicule, lorsque celle-ci est engorgée. Il rend donc de grands services dans les cas d'infection des voies biliaires, cholécystite, angiocholite, etc.

Si vous souffrez fréquemment de diarrhée, de météorisme, de spasmes douloureux après le repas, vous vous trouverez bien de deux comprimés de delbiase quotidiens pendant quelques semaines. Il faut en général un ou deux mois pour obtenir une régularisation définitive des selles, mais les bienfaits ne tardent pas à se faire sentir : disparition des douleurs et des troubles intestinaux, digestions faciles, tonus !

Vieillissement

La teneur en magnésium des tissus musculaires et nerveux baisse avec l'âge, d'où le très grand intérêt qu'il peut y avoir à combler cette carence. Cette diminution du magnésium dans l'organisme pourrait bien être l'un des facteurs du vieillissement. On en a pour preuve l'action évidente des sels halogénés de magnésium (chlorure de magnésium et delbiase) sur certains phénomènes séniles (voir aussi *Sénilité*).

Dans votre jardin aussi...

Il n'est pas ici question de donner un cours de culture biologique ! Cependant, il est un « truc » simple que j'aimerais vous faire partager.

Si vous avez la chance de posséder un jardin potager, arrosez de temps à autre, par exemple une fois par semaines, vos légumes, salades, plantes aromatiques et petits fruits avec une solution diluée de chlorure de magnésium (personnellement, j'utilise un sachet pour un arrosoir de vingt litres). Cela vous permettra d'enrichir leur teneur naturelle en sels de magnésium et d'en faire des produits remarquables pour votre santé et celle de vos proches.

Pour conclure…

Les précédentes indications des usages thérapeutiques et préventifs du chlorure de magnésium ne se limitent pas aux quelques cas cités. Elles ont cependant valeur d'exemple – des pathologies les plus sérieuses aux plus bénignes – pour vous permettre d'apprendre l'utilisation de ce merveilleux aliment. Ne me croyez surtout pas sur parole, ce serait grand dommage. Faites-en vous-même l'expérience : elle parlera d'elle-même.

Par ailleurs, il serait dommage de ne pas mentionner les possibilités qu'offre la méthode cytophylactique au chlorure de magnésium en usage vétérinaire. Pour plus de détails, référez-vous au petit guide *Médecine douce pour animaux*[1] dans lequel vous la trouverez exposée, ainsi que d'autres méthodes de soins naturels qui peuvent lui être éventuellement associées.

En ces temps où l'on tente de nous persuader que notre santé ne nous appartient pas et qu'il

---

1 *Médecine douce pour animaux,* M;-F. Muller, collection Pratiques Jouvence.

nous faut en ce domaine nous en remettre de manière aveugle au médecin, sans rien oser faire de nature à nous permettre de nous prendre en charge nous-mêmes (gros intérêts divers et grands laboratoires obligent : il faut bien faire tourner la machine) …

En cette étrange période où même la juste possession de notre corps et la liberté d'en disposer comme nous le souhaitons est à défendre : songeons qu'à partir de juin 98, si nous ne souhaitons pas être automatiquement considéré comme donneur d'organes potentiel en cas de décès (de même qu'éventuellement receveur en cas de besoin), il nous faudra, en France, nous inscrire sur une liste nationale (au risque d'être en butte aux reproches et autres éventuelles brimades des adeptes de la pensée officielle en ce domaine qui est : « ton corps ne t'appartient pas, il appartient à tout le monde et nous nous sommes arrogés le droit d'en disposer selon notre bon plaisir, que cela te plaise ou non ! ») …

En cette étonnante fin de siècle où l'on tente de nous faire comprendre qu'il n'est plus si utile que ça de se maintenir en bonne santé au prix de quelques efforts : on dispose à présent de pièces de rechange sous la forme des greffes d'organes ! Il est vrai que les listes d'attente sont fort longues à l'heure actuelle. Mais ça va bientôt changer puisque l'idée est déjà sérieusement envisagée de bientôt disposer de clones humains (et pourquoi pas notre clone personnel ?) qui nous serviraient de magasins de pièces détachées en cas de besoin…

En ce temps dans lequel certains d'entre nous ont quelques peines à trouver l'espace de libre respiration permettant de mener sereinement leur vie, une vie qui leur appartient quand même en propre, et à personne d'autres !… Il me semble important de retrouver, de remettre en pratique les idées simples mais géniales de chercheurs sérieux et humbles qui avaient consacré leur vie au mieux-être de leurs semblables et sont cependant partis sans voir leurs efforts couronnés de la juste reconnaissance qu'ils étaient en droit d'attendre de leurs pairs.

Il n'est pas que le Professeur Delbet dans ce cas : notre temps connaît son lot de chercheurs ingénieux et bienveillants qui, au lieu de l'accueil chaleureux fait à leur découverte, ne reçoivent qu'humiliations, mensonges, dénis, quand ce n'est pas un procès pour avoir trouvé ce qui ne devait pas encore l'être hors des sentiers battus du consensus général de la recherche. J'en ai personnellement connu plusieurs…

Aussi, par simple reconnaissance pour leurs courageux efforts et leurs travaux d'une vie, devons-nous faire en sorte que l'oubli officiel ne vienne tout recouvrir d'un voile opaque. En ce qui concerne la trouvaille de Delbet – les merveilleuses vertus du chlorure de magnésium –, c'était l'un des buts de ce petit ouvrage. Il importe aussi que ce produit reste disponible, de même que la cytodelbiase et la delbiase. Seule la pression des consommateurs peut l'obtenir : le produit restera sur les rayons tant qu'on en demandera.

Tant d'autres vieux remèdes ayant pourtant fait leurs preuves et d'un coût peu élevé, ont déjà disparu des nomenclatures... Il faut bien faire de la place aux nouvelles petites merveilles de notre technologie (aux effets indésirables nombreux et parfois terrifiants) ; aussi faut-il nous persuader qu'on ne peut soigner un problème « sérieux » qu'avec un remède tout aussi « sérieux », et tant pis s'il coûte très cher et nous crée d'autres pathologies par la même occasion : il faut savoir ce qu'on veut, et puis, on fait par la même occasion d'une pierre deux coups, puisque d'autres médicaments « sérieux » seront prescrits pour soigner les troubles induits par le premier...

L'autre but de ce livre, le plus important bien sûr, est de vous aider à profiter de ce remarquable nutriment pour conserver et recouvrer une bonne santé, ainsi que celle de vos proches, grâce à cette méthode si simple. Ce peut être un premier pas vers plus d'autonomie en ce domaine si controversé de la santé, une manière aussi de regagner une élémentaire liberté : celle de prendre soi-même soin de son propre corps et de regagner l'élémentaire pouvoir de gérer soi-même sa santé, au moins dans les cas les plus bénins ! Je souhaite vous en avoir donné le goût…

□

Bibliographie

Politique préventive du cancer, Pierre Delbet,
Editions La Vie Claire, 1964.

La polio vaincue, Docteur Neveu,
Editions La Vie Claire.

Traitement cytophylactique des maladies infectieuses par le chlorure de magnésium, La poliomyélite, Docteur Neveu,
Librairie Le François, 1959.

Le chlorure de magnésium dans l'élevage,
Docteur Neveu, Librairie Le François.

Tous les espoirs de guérir, Jean Palaiseul,
Editions Robert Laffont, 1970.

Index thérapeutique

Achevé d'imprimer sur rotative
par l'Imprimerie Darantiere
à Dijon-Quetigny
en octobre 2006

Dépôt légal : 4e trimestre 1998
N° d'impression : 26-1752

Imprimé en France